KB192840

E-CLIP ⑧

감성적 창의 주도성 향상 프로그램

창의성을 더하자

II권

E-CLIP ⑧

감성적 창의 주도성 향상 프로그램

창의성을 더하자

초판 1쇄 인쇄 2022년 8월 8일
초판 1쇄 발행 2022년 8월 8일

지은이 송인섭
펴낸이 김선식

경영총괄 김은영
책임편집 박슬기 **디자인** 차다운 **책임마케터** 이석원
연구개발팀장 김재민 **연구개발팀** 박슬기, 차다운, 장민지, 조아리
콘텐트리팀 김길한, 임인선, 이석원, 윤기현
저작권팀 한승빈, 김재원, 이슬
재무관리팀 하미선, 윤이경, 김재경, 오지영, 안혜선
인사총무팀 김혜진, 황호준
제작관리팀 박상민, 최완규, 이지우, 김소영, 김진경, 양지환
물류관리팀 김형기, 김선진, 한유현, 민주홍, 전태환, 전태연, 양문현, 최창우

펴낸곳 다산북스 **출판등록** 2005년 12월 23일 제313-2005-00277호
주소 경기도 파주시 회동길 490
전화 02-704-1724 **팩스** 02-703-2219 **이메일** dasanbooks@dasanbooks.com
홈페이지 www.dasanbooks.com **블로그** blog.naver.com/dasan_books
다산전인교육캠퍼스 www.dasaneducation.co.kr
종이 IPP **인쇄** 민언프린텍 **제본** 국일문화사

ISBN 979-11-306-9115-2 (64370)
     979-11-306-9107-7 (세트)

- 책값은 뒤표지에 있습니다.
- 파본은 본사 또는 구입하신 서점에서 교환해 드립니다.
- 이 책은 저작권법에 의하여 보호를 받는 저작물이므로 무단 전재와 복제를 금합니다.
- KC마크는 이 제품이 공통안전기준에 적합하였음을 의미합니다.
- 아이들이 책을 입에 대거나 모서리에 다치지 않게 주의하세요.
- 이 책의 인물 명칭 중 한국 인물은 성과 이름을 모두 포함하였고, 외국 인물은 다산북스 학습 만화《who?》를 따랐습니다.

1. 송인섭 교수

세계적인 자기주도학습법 권위자인 송인섭 교수는 숙명여대에서 35년 간 교수로 재직했으며, 현재 동 대학교 명예교수이자 다산전인교육캠퍼스 원장을 맡고 있습니다. 또한 한국교육심리연구회 회장, 한국교육평가학회 회장, 한국영재연구원 원장과 AERA(American Educational Research Association)에서 발행하는 학술지의 논문심사위원을 역임했으며, 70여 권의 교육 저서를 집필했습니다.

송인섭 교수는 주입식 교육이 일반적이었던 한국 교육에 자기주도학습이라는 개념을 최초로 도입해 확산하였으며, EBS 〈교육실험 프로젝트 - 스스로 공부하는 아이 만들기〉, 〈공부의 왕도〉, 〈교육 마당〉 등에 출연하여 자기주도학습의 효과를 입증하였습니다. 그리고 이 내용을 담은 《공부는 전략이다》는 부모 및 교육 관계자들에게 수십만 부 이상 판매되며, 교육계에 새로운 패러다임을 가져왔습니다. 이후로도 20여 년간 《공부는 실천이다》, 《와일드》, 《혼공의 힘》 등 교육 분야의 도서를 출간하고 자기주도학습 강연을 하며 한국 교육을 이끌고 있습니다.

또한 송인섭 교수는 다양한 학습 프로젝트를 수행하며 수십만 명이 넘는 학생과 학부모, 교사를 만나 자기주도적 공부 전략을 소개하고 상담했습니다. 이 과정에서 많은 아이가 공부에 실패를 겪고 상처받는다는 공통점을 발견하였습니다. 아이들은 자신에게 맞는 공부법만 찾으면 충분히 극복할 수 있는 문제임에도 해결 방법을 몰라 고민하고 있었습니다. 이들을 위해 송인섭 교수는 수십만 건의 실제 학습 문제 상황을 수집하고 연구하였습니다. 그 결과 자기주도학습을 바탕으로 각자의 상황에 맞춰 공부하는 힘을 기르는 새로운 학습 프로그램인 《E-CLIP》을 개발하였고, 이 프로그램을 여러 심리 센터에 적용해 높은 성과를 얻고 있습니다.

'**E-CLIP**(Emotional Creative Leadership Improvement Program)'은 실제 교육 현장에서 총 8,950명의 학습자를 대상으로 20년 동안 관찰과 실험, 상담을 통해 얻은 빅데이터로 개발한 '감성적 창의 주도성 향상 프로그램'입니다. 프로그램 연구와 개발에는 자기주도학습법 권위자 송인섭 교수와 다수의 교육심리학 전문 연구진이 참여했습니다.

2. 심리 검사 및 교재 연구

전문 연구 위원(가나다순)

- 김수란 우석대 교수
- 김희정 대구대 교수
- 성소연 호서대 교수
- 이희연 한국교육개발원 책임
- 정유선 아주대 교수
- 최지혜 을지대 교수

- 김누리 목포해양대 교수
- 남궁정 숙명여대 교수
- 안혜진 수원여대 교수
- 정숙희 숙명여대 교수
- 최보라 숙명여대 교수
- 한윤영 숭실대 교수

- 김은영 루터대 교수
- 박소연 숙명여대 교수
- 육진경 루터대 교수
- 정미경 한경대 교수
- 최영미 한경대 교수

3. 심리 검사 및 교재 개발

개발 총괄

- 김영아 다산전인교육캠퍼스 부원장

개발 위원

- 이상섭 건양대학교병원 의학과
- 최이선 닥터맘심리연구소 소장

E-CLIP 소개

E-CLIP

Emotional Creative Leadership Improvement Program

감성적 창의 주도성 향상 프로그램

　4차 산업혁명 시대에 사회가 바라는 인재상과 역량은 기존과는 전혀 다릅니다. 현존하는 많은 직업이 인공지능(AI)으로 대체되고, 새로운 직업군이 만들어지는 등 직업의 개념이 바뀔 것입니다. 우리는 이런 변화에 대처하기 위해서는 자신만의 특성을 찾고 고유한 능력을 개발해야 합니다. 4차 산업혁명 시대를 대비해 '나는 누구인가?', '나는 어떤 능력을 준비해야 하는가?'에 대한 고민이 필요하며, 그 물음에 대한 해답이 바로 'E-CLIP'입니다.

　'E-CLIP'은 자기주도학습의 최고 권위자 송인섭 교수와 수십 명의 연구진이 20년 동안 개발한 '자생력 기반 자기주도학습 프로그램'으로 학습자 고유의 감성적 창의성을 계발하여 스스로 자신이 처한 환경 전반을 이끌어 갈 수 있는 인재를 기르는 교육입니다. E-CLIP의 바탕을 이루는 '자생력(감성적 창의성)'은 하늘에서 뚝 떨어진 새로운 개념도 천재적인 번뜩임 같은 특출한 능력도 아닙니다. 누구나 교육으로 익힐 수 있는 능력입니다. '자생력(감성적 창의성)'은 공부의 기틀을 다지는 힘이며 이것은 기계와 차별화되는 인간만의 본성인 감성에 일상의 다양한 문제와 활동을 새롭게 배열하고 통합하고 연결하는 창의성을 더한 개념입니다. 즉, 인공지능에는 없는 인간다움, 인간만이 할 수 있는 능력인 생각하는 능력, 상상력, 문화, 예술, 철학, 역사의식, 신념과 꿈을 실현하려는 확고한 의지 등이 바로 '자생력(감성적 창의성)'입니다.

　E-CLIP 학습자가 된다는 것은 첫째, 학습의 주도권이 외부 환경으로부터 학습자에게 옮겨오는 것을 뜻합니다. 학업 성취 수준과 관계없이 스스로 학습하는 습관을 형성하고 위기를 극복하는 내적인 힘을 키우는 것입니다. 이 내적인 힘은 학습자가 경험하는 다른 상황에도 전이되어 학습자의 내면적 성장을 돕습니다. 둘째, 학습 성향 진단을 통해 문제점을 보완하고 자신에게 맞는 방향을 찾아 잠재 능력을 개발할 수 있습니다. 셋째, 학습자들은 학습 행동을 주도하는 과정을 통해 학습 몰입 경험을 하게 되며 자기 생각을 표현하고 다른 사람과 소통할 수 있는 능력을 기르게 됩니다. 이렇듯 자생력을 기반으로 하는 E-CLIP은 자신의 목표와 가치를 온전히 펼칠 수 있는 최선의 방법이며 전인적 자아실현을 통해 행복한 삶의 길을 열어 줄 것입니다.

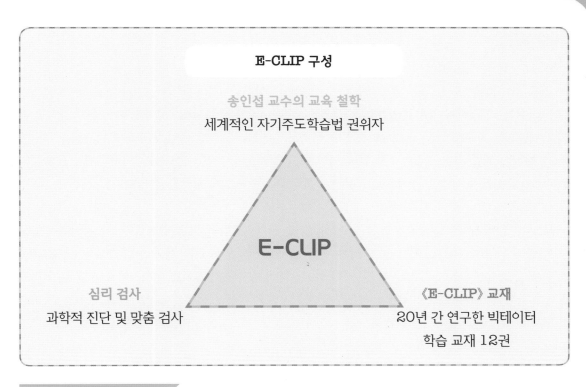

E-CLIP 구성

송인섭 교수의 교육 철학
세계적인 자기주도학습법 권위자

E-CLIP

심리 검사
과학적 진단 및 맞춤 검사

《E-CLIP》교재
20년 간 연구한 빅테이터
학습 교재 12권

송인섭 교수의 교육 철학

세계적인 자기주도학습법 권위자

송인섭 교수는 지나친 사교육으로 교육의 본질에 대한 심각한 문제가 대두되던 시기에 자기주도학습을 통해 한국 교육에 변화를 불러일으켰습니다. 그 후 수십 명의 전문 연구진과 교육심리학 이론을 배경으로 학습자들을 개별 관찰, 상담하며 학습자가 공부를 하는 이유와 배경이 무엇인지 찾는 과정에서 자생력이라는 개념을 새롭게 정의했습니다.

송인섭 교수의 교육 철학이 그대로 담긴 자생력은 인간만의 고유한 능력인 감성에 창의성을 겸비한 것으로, 심리학에서 가져온 개념입니다. 자생력의 뿌리가 되는 구성인자는 통찰력 있는 창의성, 통찰력 있는 융합, 통찰력 있는 리더십입니다. 통찰은 개개인의 능력이나 환경에 좌우되지 않고 경험의 축적과 노력 여하에 따라 향상될 수 있는 지극히 감성적인 요소입니다. 통찰 위에 창의적인 생각이 움트고, 정보와 지식을 연결하는 융합적 사고와 사회적 리더십을 발휘할 때 비로소 자생력이 완성됩니다.

이를 바탕으로 개발된 'E-CLIP'은 세계적인 자기주도학습법 권위자 송인섭 교수의 20년 연구 결정체입니다. 자생력을 과학적으로 측정하기 위한 심리 검사와 자생력을 증진하고 계발하기 위한 《E-CLIP》 교재의 상호작용을 통해 학습자의 '공부하는 힘'을 향상시키고 있습니다.

심리 검사

과학적 진단 및 맞춤 검사

심리 검사는 학습자가 가지고 있는 '감성적 창의 주도성' 수준을 과학적으로 진단해서 현재 강점과 약점을 확인하는 도구입니다. 학습자의 특성을 정확하게 진단하고 이를 토대로 교육 프로그램을 이수하는 데 목적이 있습니다. 학습자는 심리 검사의 개인 맞춤형 성향 분석 및 결과를 바탕으로, 교육심리 전문가와의 1 대 1 상담을 통해 학습 문제를 이해하고 학습 방향을 설계할 수 있습니다.

검사는 종합적 자생력 검사 1종과 동기, 인지, 몰입, 자아존중감 등 개별 검사 5종으로 구성되어 있습니다. 동기 검사는 《E-CLIP》 1권, 인지 검사는 《E-CLIP》 2권과 3권, 동기 심화 검사는 《E-CLIP》 4권, 몰입 검사는 《E-CLIP》 5권, 자아존중감 검사는 《E-CLIP》 6권과 연결되어 있습니다. 그리고 종합적 자생력 검사는 《E-CLIP》 1~12권에 나오는 모든 특성을 점검할 수 있는 검사로, 《E-CLIP》 시작 전과 후에 각각 검사하면 학습자의 '감성적 창의 주도성' 변화를 알아볼 수 있습니다.

심리 검사 방법

심리 검사는 간편하고 빠르게 개인별 수준을 점검할 수 있는 'Short-Form 무료 검사'와 표준화된 검사 시스템인 'Long-Form 심층 검사'로 나뉩니다. 각 검사의 이용 방법은 아래와 같습니다.

Short-Form 무료 검사

다산전인교육캠퍼스 홈페이지(www.dasaneducation.co.kr)에서 PDF 다운로드를 통해 무료로 검사할 수 있습니다. 즉각적인 진단을 통해 바로 《E-CLIP》 학습을 원하는 경우에 추천합니다.

PDF 다운로드

www.dasaneducation.co.kr 접속 〉 심리 검사 〉 Short-Form 무료 검사

Long-Form 심층 검사

다산전인교육캠퍼스 홈페이지(www.dasaneducation.co.kr)에서 오프라인 심층 검사를 신청할 수 있습니다. 전문적인 검사로 학습자의 특성을 깊이 있게 파악하고, 전문가의 상담을 원하는 경우에 추천합니다.

신청 및 이용 방법

www.dasaneducation.co.kr 접속 〉 심리 검사 〉 Long-Form 심층 검사

20년 간 연구한 빅데이터 학습 교재 12권

《E-CLIP》은 송인섭 교수가 전문 연구진들과 8,950명의 학습자를 대상으로 20년 간 연구한 결과물에 학습 만화 《who?》의 위인 이야기를 더해서, 쉽고 재미있게 감성적 창의 주도성을 높이는 학습서입니다. 본 교재는 1~12권으로 나누어져 있으며, 심리 검사 결과를 바탕으로 학습자 수준에 맞춰 권 별 집중 학습 및 개별 수업을 진행할 수 있습니다.

《E-CLIP》의 주제

권	주제	학습 목표	프로그램		
			학습 동기 향상 프로그램	학습 목표 향상 프로그램	진로 설계 향상 프로그램
1	동기	능동적 학습의 시작	1단계 집중 학습		
2	인지	자생적 인지 학습			
3	인지 심화	인지 능력 향상		2단계 집중 학습	
4	동기 심화	동기 향상 및 유지			
5	몰입	깊은 학습 몰입			
6	자아존중감	내면적 성숙			
7	창의성	창의성 계발			3단계 집중 학습
8	창의성 심화	창의성 학습 확장			
9	감성	감성 계발			
10	감성 심화	정서 발달 촉진			
11	사회성	사회성 계발			
12	사회성 심화	사회성 증진			

이 책의 구성과 특징

1. 도입

세계 위인과 함께 떠나는 탐험 미션입니다.
미션 속 5가지 활동을 키워드로 살펴봅니다.

활동 키워드로 미션 시작하기

2. 이야기

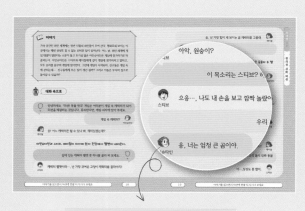

위인들의 이야기를 살펴보며 재미
를 느끼고 상상력을 펼칩니다

이야기로 미션 살펴보기

1. 전문적이다! 송인섭 교수의 '공부의 힘을 기르는 20년 연구 완결판'
2. 체계적이다! '개인별 진단 심리 검사'와 '맞춤형 학습 교재'로 만나는 진짜 솔루션
3. 재미있다! '학습 만화 《who?》의 위인'과 함께 떠나는 미션 대탐험

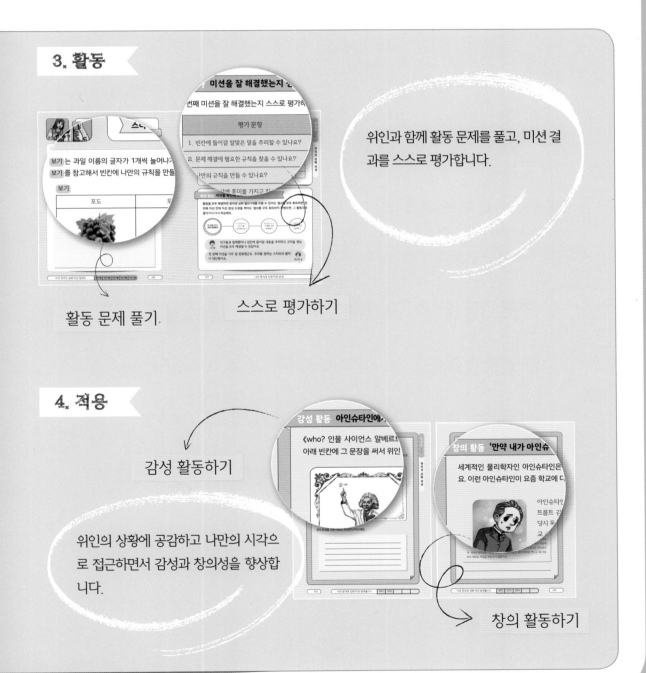

3. 활동

위인과 함께 활동 문제를 풀고, 미션 결과를 스스로 평가합니다.

활동 문제 풀기.

스스로 평가하기

4. 적용

감성 활동하기

위인의 상황에 공감하고 나만의 시각으로 접근하면서 감성과 창의성을 향상합니다.

창의 활동하기

차례

E-CLIP 연구진

E-CLIP 소개

이 책의 구성과 특징

세계 위인과 함께 해결하는

자생력 UP 창의성 심화 미션

미션 가이드

세계 위인과 함께 해결하는

자생력 UP

창의성 심화

미션

등장인물

마스터 송

생애 : 미스터리

국적 : 한국

직업 : 아이들이 미션을 해결하는 데
도움을 주는 안내자

알베르트 아인슈타인

생애 : 1879~1955년

국적 : 미국

직업 : 물리학자

주요 업적 : 1921년에 노벨 물리학상을 수상함, 상대성 이론을
발표함.

 위인 이야기

아인슈타인은 수학과 과학에 뛰어난 재능이 있었어요. 하지만 권위적인 학교 분위기에 적응하지 못해, 자신이 좋아하는 물리 연구와는 무관한 일을 하게 되었지요. 그래도 포기하지 않고 틈틈이 연구를 계속했고, 결국 세상을 뒤바꿀 만한 연구 결과인 상대성 이론을 발표했어요.

스티브 잡스

생애 : 1955~2011년

국적 : 미국

직업 : 하드웨어 엔지니어, 기업가

주요 업적 : 애플컴퓨터를 세움.

📖 위인 이야기

어린 시절 스티브는 학교생활에 적응하지 못하고 말썽을 부리는 소년이었어요. 하지만 스티브는 컴퓨터라는 기계에 마음을 빼앗기고부터 창의적이고 열정적인 모습으로 변했지요. 그 후 '애플'이라는 회사를 세우고 새로운 제품들을 만들어 내며 놀라운 성장을 이뤄 나갔어요.

레이철 카슨

생애 : 1907~1964년

국적 : 미국

직업 : 작가, 해양 생물학자

주요 업적 : 《우리를 둘러싼 바다》, 《바닷가》, 《침묵의 봄》을 씀.

📖 위인 이야기

어린 시절, 바다를 상상하며 꿈을 키웠던 레이철 카슨. 자연을 사랑한 소녀의 마음은 과학을 공부하며 자연과 인간이 연결되어 있다는 깨달음으로 이어졌어요. 레이철은 환경 파괴를 지속하던 사람들에게 자연이 없이는 인간의 행복도 없다는 진실을 처음으로 일깨웠지요.

첫 번째 미션 규칙 추리하기

마스터 송

스티브 잡스는 매순간 창의적으로 생각하고 추론했어요.
스티브와 함께 빈칸에 들어갈 내용을 추리하고 규칙을
찾으면서 미션을 해결해 보세요.

오늘의
활동 키워드

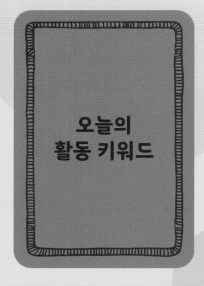

활동 01

단어 추리

활동 02

암호 추리

학습 목표

1. 빈칸에 들어갈 말을 추리할 수 있다.
2. 활동의 규칙을 찾고 나만의 규칙을 만들 수 있다.

활동 03

동물 나열 규칙

활동 04

숫자 나열 규칙

활동 05

나만의 규칙

이야기

가상 공간인 위인 세계에는 청년 시절의 위인들이 모여 산다. 평화로워 보이는 이 곳에서는 매번 상상도 할 수 없는 신비한 일이 일어난다. 어느 날, 위인 세계에 게임 대결이 열린다는 소문이 돌고 호기심 많은 아인슈타인은 게임에 참가하기로 마음먹는다. 아인슈타인은 스티브와 레이철에게 같이 게임에 참가하자고 말하고, 모두 승리를 꿈꾸며 게임에 참가한다. 그런데 게임이 시작되자, 친구들은 게임 속에 갇히는데…. 친구들에게 무슨 일이 생긴 걸까? 그리고 이들은 무사히 집으로 돌아갈 수 있을까?

 대화 속으로

안녕하세요. '미션! 동물 천국' 게임은 여러분이 게임 속 캐릭터가 되어 미션을 해결하는 것입니다. 동의한다면, 게임 의자에 앉아 주세요.

?

게임 속 캐릭터?
아인슈타인

응! 어느 캐릭터든 될 수 있나 봐. 재미있겠는데?
레이철

아인슈타인과 스티브, 레이철이 의자에 앉자 천장에서 헬멧이 내려온다.

앞에 있는 캐릭터 헬멧 중 하나를 골라 써 보세요. ?

캐릭터 헬멧이라…, 난 가장 귀여운 고양이 캐릭터를 골라야지!
스티브

음, 난 가장 힘이 세 보이는 곰 캐릭터를 고를래.
레이철

아인슈타인
나는 제일 똑똑해 보이는 원숭이!

친구들이 모두 동물 캐릭터를 고르고 헬멧을 쓴다. 그러자 친구들은 동물이 두 발로 걸어 다니고 나무가 춤을 추는 신비로운 게임 공간으로 이동한다.

앗, 여기가 어디지?
아인슈타인

스티브
아악, 원숭이?

이 목소리는 스티브? 하얀 고양이가 스티브라고?
아인슈타인

스티브
으응…, 나도 내 손을 보고 깜짝 놀랐어.

우리 모두 동물로 변한 거야?
레이철

아인슈타인
응, 너는 엄청 큰 곰이야.

맙소사!
레이철

아인슈타인
게임 속 캐릭터가 되어서 미션을 해결한다는 말이 우리 몸이 진짜 동물 캐릭터로 변하는 거였나 봐.

아…, 상상도 못 했어.
스티브

이야기를 읽으면서 미션에 한발 더 다가가 보세요.

아인슈타인은 친구들과 주변을 둘러보다가 바로 앞에 떨어져 있는 쪽지를 발견한다.

 아인슈타인
얘들아, 여기에 쪽지가 있어!

도전장

창의적인 아인슈타인, 스티브, 레이철에게

여러분은 지금 게임 속 캐릭터가 되었습니다. 창의성 미션 대결에서 저를 이긴다면, 신비한 보석을 가지고 집으로 돌아가게 해 주겠습니다. 하지만 진다면, 여러분은 동물 캐릭터의 모습으로 영원히 게임 세계에 갇힐 것입니다. 창의성을 알아볼 미션은 마스터 송이 알고 있습니다. 행운을 빕니다.

명탐정 K 보냄

뭐? 게임 속에 갇힌다고?
 스티브

 아인슈타인
지금 이 동물 캐릭터 모습으로?

자, 잠깐 차분하게 다시 생각해 보자. 그러니까 창의성을 확인할 미션을 해결해야 하는 거지?
 레이철

 아인슈타인
응, 그 미션은 마스터 송이 알고 있고!

마스터 송이라면 미션 해결을 도와주시는 안내자잖아! 그럼 우선 마스터 송부터 찾자.
 스티브

친구들은 게임 속에 갇힐 수도 있다는 내용에 다급하게 마스터 송을 찾아 헤맨다. 그리고 나무 밑에서 한가롭게 낮잠을 자는 마스터 송을 발견한다.

 아인슈타인

마스터 송!!!

아이코, 깜짝이야! 웬 동물들이지? 마스터 송

 아인슈타인

놀라게 해서 죄송해요. 저희는 동물이 아니라 게임에 참가한 사람들이에요. 그런데 이 모습을 한 채 게임 세계에 갇힐지도 몰라요. 도와주세요.

음, 명탐정 K가 미션 대결을 신청했군요? 마스터 송

 스티브

어떻게 아셨어요?

명탐정 K가 좋아하는 일이죠. 마스터 송

 레이철

마스터 송은 저희가 풀어야 할 미션을 알고 계신 거죠?

네. 친구들이 풀어야 할 첫 번째 미션은 알고 있는 것으로 알지 못하는 것을 떠올리는 5가지 추리 활동입니다. 마스터 송

 스티브

오? 이거 저에게 잘 맞는 미션인데요?

스티브! 너의 추리 실력을 보여 줘. 레이철

 마스터 송

미션을 잘 해결해 보세요. 저는 미션을 해결하면 만날 수 있습니다. 궁금하거나 어려운 일이 있으면 마스터 송을 큰 소리로 부르세요.

자생력 UP 창의성 심화 미션

이야기를 읽으면서 미션에 한발 더 다가가 보세요.

활동 01

스티브와 함께 알맞은 단어를 추리해 보자

아래 이야기를 읽고 '나'가 누구인지 빈칸에 써 보세요.

> 안녕? 나는 과일 반 귀염둥이야. 나는 수줍음이 많아서 얼굴이 자주 붉어져. 친구들이 쳐다보기만 해도 얼굴이 빨갛게 변해서 모두 내가 원래 빨간 얼굴이라고 생각해. 나는 초록색 별 모자를 즐겨 쓰는데, 이 모자를 쓰면 빨간 내 얼굴의 작은 점들도 아주 멋지게 빛나지! 내 이름은 두 글잔데, 내가 누군지 맞혀 볼래?

[   ]

왼쪽 두 단어 사이의 관계와 같도록 괄호에 들어갈 말을 찾아 선으로 연결해 보세요. 그리고 어떤 관계인지 이야기해 보세요.

햇빛 : 선글라스 = 비 : ( )	·	·	흰색
고래 : 바다 = 호랑이 : ( )	·	·	우산
백합 : ( ) = 해바라기 : 노란색	·	·	산

활동 02

암호를 추리해서 위인 친구들처럼 도전장을 읽어 보자

위인 친구들이 받은 것처럼 명탐정 K가 보낸 도전장이 왔어요. 그런데 도전장은 암호로 쓰여 있어요. 아래 암호 힌트를 보고, 도전장의 내용을 추리해서 써 보세요.

도전장

_____에게

20××년 ××월 ××일
명탐정 K 보냄

암호 힌트

🐻 = ㄱ   🐰 = ㄹ   🐵 = ㅇ   🐭 = ㅈ   🦆 = ㅊ

🐼 = ㅏ   🐤 = ㅕ   🦊 = ㅜ   🐸 = ㅡ   🐱 = ㅢ

보기 동물들의 공통적인 특징은 무엇인지 써 보세요.

보기

토끼, 고양이, 개, 고라니, 노루, 여우, 호랑이, 사자

_____

_____

아래 동물들은 어떤 규칙으로 나열되었는지 추리해서 이야기해 보고, 빈칸에 들어갈 수 있는 동물을 그려 보세요.

펭귄 → 고양이

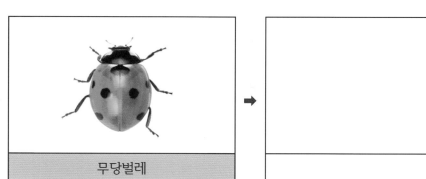

→ 무당벌레 →

스티브와 함께 숫자 나열에 이용한 규칙을 찾아보자

상자 속 귤의 개수는 어떤 규칙으로 늘어날까요? 규칙을 추리해서 마지막 상자 속의 귤이 몇 개인지 그려 보세요.

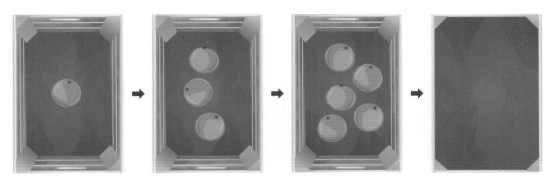

아래 쌓기 도형을 보고, 물음표에 들어갈 숫자와 그 이유를 써 보세요.

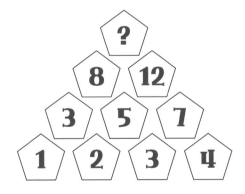

나의 창의성 심화 미션 달성도

스티브처럼 나만의 규칙을 만들자

보기 는 과일 이름의 글자가 1개씩 늘어나게 하는 규칙을 세워 과일을 나열한 것이에요.
보기 를 참고해서 빈칸에 나만의 규칙을 만들어 보세요.

보기

포도	토마토	파인애플
2	3	4

나만의 규칙 만들기

미션 평가 미션을 잘 해결했는지 평가해 보자

첫 번째 미션을 잘 해결했는지 스스로 평가해 보세요.

평가 문항	매우 아니다	아니다	그저 그렇다	그렇다	매우 그렇다
1. 빈칸에 들어갈 알맞은 말을 추리할 수 있나요?					
2. 문제 해결에 필요한 규칙을 찾을 수 있나요?					
3. 나만의 규칙을 만들 수 있나요?					
4. 첫 번째 미션에 흥미를 가지고 참여했나요?					
5. 첫 번째 미션에 최선을 다하여 참여했나요?					

미션 완성 미션을 확인해 보자

활동을 모두 해결하면 창의성 심화 열쇠 5개를 모을 수 있어요. 열쇠를 모두 획득하면, 첫 번째 미션 칸에 미션 완성 도장을 찍어요. 열쇠를 모두 획득하지 못했으면, 그 활동으로 돌아가서 다시 학습해요.

첫 번째 미션
규칙 추리하기 — 두 번째 미션
스도쿠와
도형 퍼즐 풀기 — 세 번째 미션
실생활 문제
해결하기 — 스페셜 미션
나의 창의성
심화하기

스티브 친구들과 함께했더니 빈칸에 들어갈 내용을 추리하고 규칙을 찾는 미션을 모두 해결할 수 있었어요.

첫 번째 미션을 아주 잘 완료했군요. 추리를 잘하는 스티브의 활약이 대단했어요.

마스터 송

나의 창의성 심화 미션 달성!

두 번째 미션  스도쿠와 도형 퍼즐 풀기

마스터 송

알베르트 아인슈타인은 문제를 깊이 탐구하고 창의적으로 생각했어요. 아인슈타인과 함께 스도쿠와 도형 퍼즐에 무엇이 들어갈지 추리하면서 미션을 해결해 보세요.

오늘의
활동 키워드

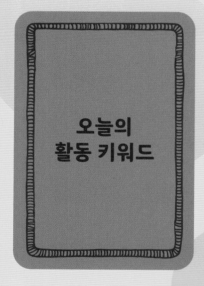

활동 01

스도쿠

활동 02

스도쿠 문제

학습 목표

1. 빈칸을 채워 스도쿠를 완성할 수 있다.
2. 퍼즐의 빈 곳에 들어갈 도형을 말할 수 있다.

활동 03

도형 퍼즐

활동 04

그림 퍼즐

활동 05

나만의 빈칸 퍼즐

이야기

게임 대결에 참가한 아인슈타인과 스티브, 레이철은 게임 속 캐릭터인 원숭이, 고양이, 곰으로 변한다. 그리고 게임 속에서 명탐정 K의 도전장을 받는다. 도전장의 내용은 친구들이 더 뛰어난 창의성을 보여 주면 신비한 보석을 받을 수 있지만, 그렇지 않으면 동물 캐릭터로 게임 속에 영원히 갇힌다는 것이다. 긴장되는 마음으로 첫 번째 미션을 끝낸 친구들! 과연 무사히 집으로 돌아갈 수 있을까? 그리고 친구들이 풀어야 할 다음 미션은 무엇일까?

 대화 속으로

아인슈타인
후유, 추리 문제가 정말 쉽지 않은걸?

그래도 우리가 같이 협동한 덕분에 동물 암호를 맞히고, 다양한 규칙까지 찾았어!

스티브

레이철
맞아! 우리 모두 훌륭해.

추리 문제를 풀었더니, 자신감이 생겨서 더 어려운 창의 문제도 잘 풀수 있겠어!

스티브

아인슈타인
우리 이 마음으로 명탐정 K를 이겨 보자.

좋아! 그런데 어떻게 해야 우리가 집으로 돌아갈 수 있을까?

레이철

아인슈타인 마스터 송께 여쭤보자. 아까 궁금한 게 있으면 마스터 송을 큰 소리로 부르라고 했잖아.

마~스~터~송!
모두

친구들이 큰 소리로 마스터 송을 부르자, 마스터 송이 멀리서 걸어온다.

 마스터 송 잘 있었나요? 동물 친구들!

저희는 동물이 아니에요. 캐릭터 옷을 입은 사람이라고요!
스티브

 마스터 송 아, 알겠어요. 무엇이 궁금해서 나를 불렀나요?

저희가 어떻게 하면, 이 게임에서 나갈 수 있을까요?
 레이철

 마스터 송 흠…, 혹시 명탐정 K가 보낸 도전장을 기억하나요?

네! 창의성이 뛰어나면 저희에게 보석을 주겠지만, 아니라면 저희가 영원히 게임 캐릭터가 될 거라고 했어요.
아인슈타인

 마스터 송 맞아요. 그래서 지금 미션으로 친구들의 창의성이 높은지 낮은지를 판단하고 있어요.

방금 풀었던 미션으로요?
스티브

 마스터 송 네. 친구들과 명탐정 K 중에서 미션의 활동을 더 많이 해결한 쪽이 승리합니다.

이야기를 읽으면서 미션에 한발 더 다가가 보세요.

그럼 미션은 다 끝난 건가요?
레이철

 아니요. 다음 미션이 친구들을 기다리고 있어요.
마스터 송

아하! 제가 모든 미션을 다 해결하겠어요.
아인슈타인

 저도요!
스티브

원숭이 캐릭터인 아인슈타인과 고양이 캐릭터인 알렉산더는 귀엽게 폴짝폴짝 뛴다. 이 모습을 본 레이철은 당황한다.

우리 정말 빨리 나가야겠다. 너희 행동까지 점점 원숭이와 고양이로 변하는 것 같아. 귀엽긴 한데, 몹시 당황스럽네.
레이철

 너는 곰이라니까…, 이렇게 무표정으로 얘기하면 엄청 무섭다고.
스티브

하하, 그럼 우리 빨리 미션을 알아보자!
레이철

 마스터 송, 다음 미션은 뭔가요?
아인슈타인

저쪽을 보세요!
마스터 송

마스터 송이 손가락으로 가리킨 곳을 보니 환한 불빛이 나오는 큰 화면이 있다.

스티브
저게 뭐예요?

컴퓨터? 게임기?

아인슈타인

마스터 송
비슷합니다. 친구들이 미션을 해결할 화면이에요.

어, 저기? 화면에 누가 있는데?

레이철

거대한 화면에 갑자기 명탐정 K가 나타나서 '깔깔깔'거리며 웃는다. 그리고 자신을 이겨 보라며 친구들을 약 올리고 사라진다.

스티브
아유, 분해! 명탐정 K, 두고 봐. 내가 더 많은 미션을 해결하겠어.

스티브, 기대할게요! 두 번째 미션은 빈 곳에 들어갈 내용을 맞히는 5가지 활동이에요. 스도쿠와 도형 퍼즐이 친구들을 기다리고 있습니다.

마스터 송

아인슈타인
이번에야말로 내 실력을 뽐낼 차례군.

오! 아인슈타인이 잘하는 분야네.

레이철

마스터 송
다음 미션을 잘 해결해 보세요. 저는 미션을 해결하면 만날 수 있습니다. 궁금하거나 어려운 일이 있으면 마스터 송을 큰 소리로 부르세요.

이야기를 읽으면서 미션에 한발 더 다가가 보세요.

가로줄과 세로줄에 각각 숫자 '1, 2, 3'이 하나씩 들어간 빈칸 퍼즐이에요. 빈칸에 알맞은 숫자를 써 보세요.

1		3
2	3	
3		

첫 번째 가로줄에 '1, 2, 3'이 겹치지 않게 빈칸에 알맞은 숫자를 써 보세요.

두 번째와 세 번째 세로줄에 각각 '1, 2, 3'이 겹치지 않게 빈칸에 알맞은 숫자를 써 보세요. 이때 가로줄의 숫자도 겹치지 않아야 해요.

아래 글을 읽고, 스도쿠가 무엇인지 알아보세요.

스도쿠는 가로와 세로 9칸씩 모두 81칸으로 이루어진 정사각형에서 가로줄과 세로줄에 각각 1에서 9까지의 숫자를 겹치지 않게 써 넣어 완성하는 퍼즐이에요. 스도쿠의 큰 사각형은 가로와 세로가 각각 3칸으로 총 9칸인 작은 사각형 9개로 이루어져 있는데, 9칸짜리 작은 사각형 안에서도 1에서 9까지의 숫자가 겹치지 않아야 해요. 반드시 가로와 세로가 9칸일 필요는 없고, 칸수를 다르게 해서 난이도를 조정할 수 있어요.

꾸준히 탐구한 아인슈타인처럼 집중해서 스도쿠를 풀자

앞에서 배운 스도쿠의 규칙을 바탕으로, 아래 스도쿠를 완성해 보세요.

1. 가로와 세로 각 줄에 '사과, 감, 바나나, 수박'이 겹치지 않게 빈칸에 알맞은 과일을 그려 보세요.

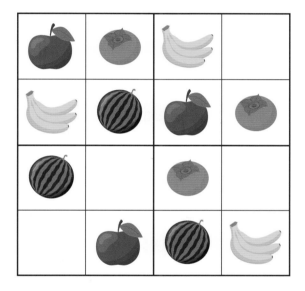

2. 가로와 세로 각 줄과 가로 2칸, 세로 2칸 사각형 안에 '1, 2, 3, 4'가 겹치지 않게 알맞은 숫자를 써 보세요.

1	2		
4		2	1
	1	4	3
3		1	

도형 간의 관계를 살펴보고, 물음표 자리에 들어갈 도형을 골라 보세요.

?

① ② ③ ④

도형을 가로로 1줄씩 살펴보고, 물음표 자리에 들어갈 도형은 무엇인지 빈칸에 그려 보세요. 그리고 도형들 사이의 규칙이 무엇인지 이야기해 보세요.

?

돼지가 구름 속에서 뛰어노는 그림이에요. 그림을 가로로 1줄씩 살펴보고, 물음표 자리에 들어갈 그림을 추리해서 그려 보세요.

  **?**

아인슈타인과 함께 나만의 빈칸 퍼즐을 만들자

앞에서 살펴본 스도쿠와 도형 퍼즐 등을 떠올려 보고, 나만의 빈칸 퍼즐을 만들어 보세요.

예) 잔소리 스도쿠 : '정리해', '손 씻어', '일찍 자', '일어나'를 가로줄과 세로줄, 가로 2칸과 세로 2칸의 사각형에 겹치지 않게 넣기.

정리해	손 씻어	일찍 자	일어나
일찍 자	㉮	㉯	손 씻어
일어나	㉰	㉱	정리해
손 씻어	정리해	일어나	일찍 자

㉮ : 일어나, ㉯ : 정리해, ㉰ : 일찍 자, ㉱ : 손 씻어

미션 평가 미션을 잘 해결했는지 평가해 보자

두 번째 미션을 잘 해결했는지 스스로 평가해 보세요.

평가 문항	매우 아니다	아니다	그저 그렇다	그렇다	매우 그렇다
1. 스도쿠의 빈칸에 알맞은 숫자를 넣을 수 있나요?					
2. 알맞은 도형을 넣어 퍼즐을 완성할 수 있나요?					
3. 나만의 빈칸 퍼즐을 만들 수 있나요?					
4. 두 번째 미션에 흥미를 가지고 참여했나요?					
5. 두 번째 미션에 최선을 다하여 참여했나요?					

미션 완성 미션을 확인해 보자

활동을 모두 해결하면 창의성 심화 열쇠 5개를 모을 수 있어요. 열쇠를 모두 획득하면, 두 번째 미션 칸에 미션 완성 도장을 찍어요. 열쇠를 모두 획득하지 못했으면, 그 활동으로 돌아가서 다시 학습해요.

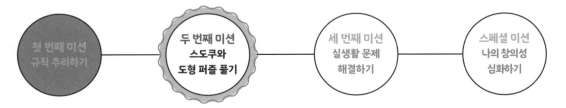

첫 번째 미션
규칙 추리하기

두 번째 미션
스도쿠와
도형 퍼즐 풀기

세 번째 미션
실생활 문제
해결하기

스페셜 미션
나의 창의성
심화하기

아인슈타인 친구들과 같이 활동을 해결했더니 스도쿠도 완성하고 도형 퍼즐도 풀 수 있었어요!

두 번째 미션을 아주 잘 완료했군요. 깊이 고민해서 창의적으로 답을 찾는 아인슈타인의 활약이 멋졌습니다.

마스터 송

나의 창의성 심화 미션 달성!

세 번째 미션 실생활 문제 해결하기

마스터 송

레이철 카슨은 한 가지 일에 주의를 기울여 관찰하면서 문제를 해결해 나갔어요. 레이철과 함께 생활 속에서 만날 수 있는 문제를 해결해 보세요.

오늘의 활동 키워드

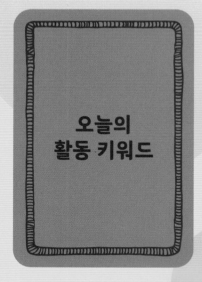

활동 01

길 선택

활동 02

식물 문제 해결

학습 목표

1. 여러 상황을 고려해서 문제를 풀 수 있다.
2. 나만의 창의적인 문제를 만들 수 있다.

활동 03

비행기 비교

활동 04

그래프 분석

활동 05

나만의 창의 문제

이야기

아인슈타인과 스티브, 레이철은 게임 대결에 참가했다가 게임 속 동물 캐릭터로 변한다. 그리고 이들은 영원히 게임 속 동물 캐릭터로 남을 수도 있는 상황 속에서 명탐정 K와 대결을 펼친다. 첫 번째 미션에서는 내용을 추리하고 규칙을 찾으면서 미션을 해결하고, 두 번째 미션에서는 스도쿠를 완성하고 도형 퍼즐을 풀면서 미션을 무사히 끝낸다. 친구들은 두 번째 미션에 관한 이야기를 나누며, 자신들이 명탐정 K보다 미션을 잘 해결했을 것이라고 확신한다. 과연 친구들은 명탐정 K보다 문제를 잘 풀었을까? 그리고 친구들이 풀어야 할 다음 미션은 무엇일까?

 대화 속으로

 레이철
스도쿠 문제는 처음 풀어 봤는데, 이거 꽤 재미있는걸?

나도 재미있었어. 아인슈타인이 스도쿠 문제를 정말 잘 풀더라! 스티브

 아인슈타인
하하, 뭘. 같이 협동해서 푼 거지.

중간에 못 풀고 넘어갈 뻔했는데, 우리가 함께 끈기 있게 도전해서 미션을 모두 해결할 수 있었어.   레이철

 스티브
맞아, 이 정도면 명탐정 K도 긴장해야 할걸?

응! 우리가 명탐정 K보다 미션의 활동 문제를 더 많이 풀었을 것 같은데? 아인슈타인

레이철

후후, 명탐정 K는 활동 문제를 몇 개나 풀었는지 마스터 송께 여쭤보자!

좋아! 마~스~,

스티브

스티브가 마스터 송을 막 부르려는데, 마스터 송이 재빨리 나타난다.

마스터 송

여기 마스터 송 왔습니다.

하하, 마스터 송!

스티브

마스터 송

이번에는 무슨 일로 불렀나요?

미션을 해결하면서 많은 활동 문제를 풀었는데요. 저희가 명탐정 K보다 앞서나가고 있나요?

레이철

아인슈타인

저희가 이기고 있죠?

친구들이 문제를 상당히 잘 풀고 있지만, 명탐정 K가 그리 쉬운 상대는 아니죠. 누가 더 잘하고 있는지 지금 확인해 보겠습니다.

마스터 송

마스터 송이 손목에 찬 스마트워치를 두드리며 점수를 확인한다. 그리고 큰 화면에 점수를 띄워서 보여 준다.

마스터 송

저기! 화면을 보세요.

이야기를 읽으면서 미션에 한발 더 다가가 보세요.

화면에는 '아인슈타인, 스티브, 레이철 10점', '명탐정 K 10점'이라고 뜬다.

10점 대 10점, 동점?
스티브

 명탐정 K, 정말 똑똑하잖아!
아인슈타인

우리 더 열심히 미션을 해결해야겠어.
레이철

 맞아!
스티브

그런데 마스터 송, 저희 몇 개의 미션을 해결해야 집으로 돌아갈 수 있
어요? 레이철

 음…, 미션은 총 4개입니다. 일반 미션 3개와 스페셜 미션 1개가 있지
마스터 송 요.

그럼 저희 벌써 2개를 해결한 거네요?
아인슈타인

 네, 이제 일반 미션 1개와 스페셜 미션 1개만 남았어요.
마스터 송

그럼 지금까지 동점이니, 남은 2개의 미션을 명탐정 K보다 잘 해결해
야 집으로 돌아갈 수 있겠네요! 레이철

 역시 레이철, 아주 똑똑하군요. 맞아요!
마스터 송

얼마 안 남았어요!
스티브

레이철

그런데 스페셜 미션은 뭔가요?

스페셜 미션은 일반 미션 3개를 모두 끝낸 친구들에게만 알려 주는 미션입니다. 다음 미션을 무사히 마치면 알려 줄게요.

 마스터 송

 레이철

네! 그럼 다음 미션은 뭔가요?

다음 미션은 문제 해결 능력을 알아보는 미션입니다.

 마스터 송

 스티브

문제 해결 능력이요?

네. 이번에는 우리 주변 생활에서 꼭 해결해야 하는 문제들이 친구들을 기다리고 있습니다.

 마스터 송

 아인슈타인

오~, 기대되는데요?

좋아. 나의 뛰어난 문제 해결 능력을 보여 주겠어!

 레이철

 스티브

레이철, 너만 믿는다!

그럼 우리 이번에도 협동해서 미션을 해결해 보자!

 아인슈타인

 마스터 송

미션을 잘 해결해 보세요. 저는 미션을 해결하면 만날 수 있습니다. 궁금하거나 어려운 일이 있으면 마스터 송을 큰 소리로 부르세요.

이야기를 읽으면서 미션에 한발 더 다가가 보세요.

레이철과 함께 길을 선택해 보자

집에서 공원까지 가는 3가지 길이 있어요. 나는 이 중에서 어느 색의 길을 이용해 공원에 갈지 고르고, 이유를 써 보세요.

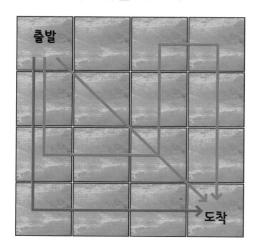

길 선택하기	빨간색	파란색	초록색

이유

친구들과 공원에서 9시에 만나기로 했는데, 늦잠을 자서 9시에 일어났어요. 집에서 공원까지 갈 수 있는 3가지 길 중 어느 색의 길을 선택해야 가장 빨리 공원에 도착할지 교통 정보를 참고해서 골라 보세요.

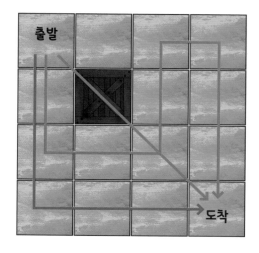

교통 정보
초록색 길 한복판에서 보도블록을 공사하고 있어요. 그래서 사람이 지나갈 수 없어요.

길 선택하기	빨간색	파란색	초록색

레이철은 자신이 키우는 식물이 시들어서 마음이 좋지 않아요. 아래 식물의 모습과 상태를 살펴보고, 이 식물에는 어떤 해결 방법이 필요할지 골라 보세요.

식물의 모습

식물의 모습

잎이 말리거나 잎끝이 말라서 갈색이에요.

| 물이 너무 많아서 생기는 문제이니, 물을 지금보다 적게 주어요. | 햇빛을 피해 그늘로 옮겨요. | 화분에 물을 듬뿍 주고, 잎에도 물을 뿌려 주어요. |

레이철과 함께 타고 싶은 비행기를 골라 보자

레이철은 인천 공항에서 비행기를 타고 프랑스 파리에 가려고 해요. 각 항공사 비행기들의 가격과 소요 시간, 경로를 살펴보고, 질문에 답을 써 보세요.

대학항공	가격 : 600,000원 소요 시간 : 30시간 경로 : 부다페스트, 바르샤바를 거쳐서 감.
에어독도	가격 : 1,000,000원 소요 시간 : 15시간 경로 : 다른 도시를 들리지 않고, 바로 목적지로 감.
파리항공	가격 : 800,000원 소요 시간 : 19시간 경로 : 도하를 거쳐서 감.

1. 가격이 가장 싼 비행기는 무엇인가요?

2. 시간이 가장 적게 걸리는 비행기는 무엇인가요?

3. 만약 나라면 어떤 비행기를 선택할까요? 그리고 그 이유는 무엇인가요?

똑똑한 레이철과 함께 그래프의 변화를 알아보자

아래는 재미있는 학습 방법을 알려 주는 인터넷 방송의 구독자 수를 나타낸 그래프예요.
그래프를 살펴보고, 질문에 알맞은 답을 써 보세요.

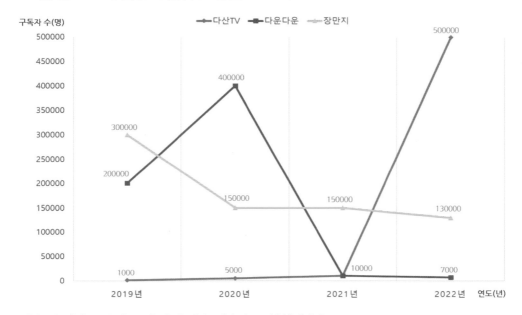

1. 2019년에 구독자 수가 가장 많은 방송은 무엇인가요?

2. 2021년에는 어느 방송의 출연자가 거짓말을 해서 구독자 수가 크게 떨어졌어요. 이 중 어느
   방송일까요?

3. 다산TV는 2022년에 구독자 수가 갑자기 많아졌는데, 그 이유는 무엇일까요? 상상해서 써 보
   세요.

_____

나의 창의성 심화 미션 달성도

레이철과 함께 나만의 창의 문제를 만들어 보자

앞에서 살펴본 활동처럼 상상하고 고민해서 풀 수 있는 창의 문제를 만들어 보세요.

예)

창의 문제	다음과 같이 종이 위에 빨간색 점이 2개 그려져 있어요. 두 점을 가장 빨리 만나게 하는 방법은 무엇일까요? 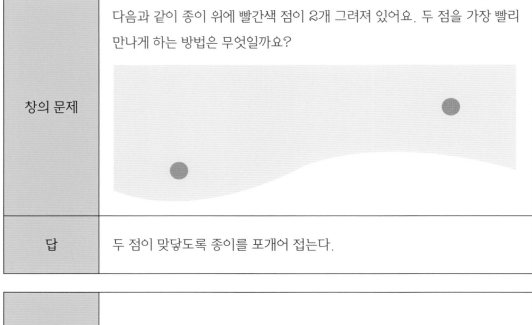
답	두 점이 맞닿도록 종이를 포개어 접는다.

창의 문제	
답	

미션 평가 미션을 잘 해결했는지 평가해 보자

세 번째 미션을 잘 해결했는지 스스로 평가해 보세요.

평가 문항	매우 아니다	아니다	그저 그렇다	그렇다	매우 그렇다
1. 주어진 상황에 맞춰 문제를 풀 수 있나요?					
2. 주어진 문제에 창의적인 답을 쓸 수 있나요?					
3. 나만의 창의 문제를 만들 수 있나요?					
4. 세 번째 미션에 흥미를 가지고 참여했나요?					
5. 세 번째 미션에 최선을 다하여 참여했나요?					

미션 완성 미션을 확인해 보자

활동을 모두 해결하면 창의성 심화 열쇠 5개를 모을 수 있어요. 열쇠를 모두 획득하면, 세 번째 미션 칸에 미션 완성 도장을 찍어요. 열쇠를 모두 획득하지 못했으면, 그 활동으로 돌아가서 다시 학습해요.

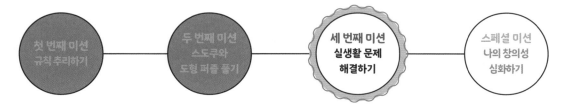

첫 번째 미션
규칙 추리하기

두 번째 미션
스도쿠와
도형 퍼즐 풀기

세 번째 미션
실생활 문제
해결하기

스페셜 미션
나의 창의성
심화하기

레이철

생활 속에서 맞닥뜨릴 수 있는 문제를 다양한 상상과 함께 해결하니까 정말 즐거워요!

레이철이 열심히 고민하고 창의성을 펼치는 모습이 인상적이었어요. 레이철의 창의성이 나날이 좋아지는군요.

마스터 송

나의 창의성 심화 미션 달성!

스페셜 미션 | 나의 창의성 심화하기

마스터 송

3가지 미션을 모두 해결하다니 대단해요. 앞의 미션을 해결한 친구에게 주는 마지막 스페셜 미션은 위인을 알아보고 나를 탐구하는 것이에요. 알베르트 아인슈타인의 창의성을 떠올리며, 나의 자생력을 완성해 보세요.

탐구 활동

아인슈타인을 인터뷰해 보자

감성 활동

아인슈타인에게 공감하며 위인 카드를 만들어 보자

창의 활동

'만약 내가 아인슈타인이라면?' 상상해 보자

학습 목표
1. 아인슈타인의 삶에 창의성이 어떤 영향을 주었는지 설명할 수 있다.
2. 나의 목표와 꿈을 말할 수 있다.

주도성 활동

목표를 세우고 어려움에 대비하자

향상 활동

미래의 나에게 메일을 보내자

이야기

아인슈타인과 스티브, 레이철은 게임 속에서 영원히 동물 캐릭터로 남을 수도 있
는 상황을 두고 명탐정 K와 대결을 펼친다. 빈칸에 들어갈 내용을 추리하고 규칙
을 찾으면서 첫 번째 미션을 해결하고, 스도쿠를 완성하고 나만의 규칙 문제를 만
들면서 두 번째 미션을 끝낸다. 그리고 마침내 친구들은 세 번째 미션인 여러 상황
속에서 문제를 판단하고 창의적으로 해결하는 활동까지 마친다. 3개의 미션을 모
두 해결한 친구들은 집으로 돌아갈 마지막 열쇠인 스페셜 미션을 기다린다. 친구
들이 풀어야 할 스페셜 미션은 무엇일까?

 ## 대화 속으로

스티브

이야, 이번 미션 정말 즐겁다!

그러게 말이야. 실제 생활과 관련된 문제도 풀고 나만의 창의 문제도
생각하다 보니 시간 가는 줄 몰랐어.

레이철

아인슈타인

스티브가 만든 창의 문제는 정말 기발하더라.

훗!

스티브

아인슈타인

어? 저기 화면을 좀 봐.

우리 점수가 15점인데, 명탐정 K는 14점이야!

레이철

스티브

우아! 우리 보석을 받고 집으로 돌아갈 수 있는 거야?

아인슈타인

스페셜 미션도 잘 해결한다면 말이야.

레이철

스페셜이라…, 어떤 미션이 우리를 기다리고 있을까?

스티브

빨리 마스터 송을 불러 보자!

레이철

마스터 송! 어디 계세요?

레이철이 마스터 송을 부르자, 마스터 송이 친구들 앞에 나타난다.

앞의 3가지 미션을 모두 해결한 여러분은 이제 스페셜 미션을 풀 수 있 겠군요.

마스터 송

아인슈타인

스페셜 미션이 뭔가요?

바로 위인 1명을 골라 자세히 알아보는 미션이에요. 위인의 삶을 탐구 하고 상상해 보는 일입니다.

마스터 송

레이철

오~, 재미있는 미션이네요!

어떤 위인을 알아보나요?

스티브

마스터 송

우리가 알아볼 위인은 바로 여러분 중에 있습니다.

이야기를 읽으면서 미션에 한발 더 다가가 보세요.

저희가 위인이에요?
아인슈타인

마스터 송
네. 이곳에 있는 친구들은 모두 커서 꿈을 이루고 뛰어난 업적을 세워 훌륭한 위인이 되지요.

우아!
아인슈타인

레이철
아인슈타인이랑 스티브는 위인이 될 줄 알았어! 나는 너희의 상상력을 믿고 있었지.

레이철, 너도 마찬가지야.
스티브

이때 마스터 송이 반짝이는 카드를 꺼낸다.

스티브
이게 뭐예요?

우아, 카드에서 빛이 나요!
레이철

마스터 송
짜잔! 위인의 미래를 보여 줄 마법 카드입니다. 마법 카드를 통해 친구들 중 1명의 미래를 만나볼까요?

네!
모두

마스터 송이 마법 카드를 하늘 위로 던진다. 마법 카드가 하늘 위로 떠올라서 점점 커지더니 카드 속에 친구들의 얼굴이 하나씩 나타난다.

마스터 송 모두 마법 카드를 보세요. 카드가 친구들 중 1명을 가리킬 거예요.

우아, 기대되는걸? 두구두구
레이철

아인슈타인 두구두구 두구두구

마법 카드가 반짝이더니 아인슈타인의 얼굴을 비춘다.

바로 알베르트 아인슈타인입니다!
마스터 송

아인슈타인 우아! 저요?

이거 정말 궁금한데?
스티브

레이철 마스터 송, 아인슈타인의 미래를 어떻게 볼 수 있어요?

마법 카드가 아인슈타인을 이해하고 창의성을 심화하는 활동으로 안내
할 겁니다. 아인슈타인의 삶에 공감하고 자신을 탐구해 보세요. **마스터 송**

모두 네!

저는 미션을 해결하면 만날 수 있습니다. 궁금하거나 어려운 일이 있으
면 마스터 송을 큰 소리로 부르세요. **마스터 송**

이야기를 읽으면서 미션에 한발 더 다가가 보세요.

아인슈타인을 인터뷰하고 있어요. 인터뷰를 읽고, 빈칸에 들어갈 대답을 이야기해 보세요.

안녕하세요, 아인슈타인 박사님. 자동문, 디지털카메라, 복사기 등의 편리한 사물이 모두 박사님의 상대성 이론에서 나왔습니다. 박사님 이론 중에서도 가장 유명한 상대성 이론은 무엇인가요?

상대성 이론은 절대적으로 정해진 시간이나 공간이라는 것은 없고, 모두 상대적이라는 것입니다. 저는 빛과 속도에 관한 연구를 거듭하던 끝에 이 이론을 발표할 수 있었습니다.

그렇군요. 박사님께서 발표하신 상대성 이론은 과학자들뿐만 아니라, 자연과 우주에 관심을 가진 모든 사람에게 영향을 주었는데요. 박사님께서는 어떻게 상대성 이론을 밝혀내실 수 있었나요?

정말 대단하세요! 인터뷰 정말 감사드립니다. 마지막으로 박사님의 성공 비결은 무엇이었는지 한마디 해 주십시오.

제 성공 비결은 집중력입니다. 끊임없이 집중하고 포기하지 않는 끈기가 여러 연구를 성공시켰습니다. 저는 다른 사람들도 하고 싶은 일에 집중하고, 또 집중하기를 바랍니다. 감사합니다.

감성 활동 아인슈타인에게 공감하며 위인 카드를 만들어 보자

《who? 인물 사이언스 알베르트 아인슈타인》에서 공감되는 문장을 찾아보고,
아래 빈칸에 그 문장을 써서 위인 카드를 완성해 보세요.

위의 문장을 고른 이유는 무엇인지 써 보세요

나의 창의성 심화 미션 달성률(%)   20% 40% 60% 80% 100%

세계적인 물리학자인 아인슈타인은 강압적인 독일의 학교에 적응하지 못했어요. 이런 아인슈타인이 요즘 학교에 다녔다면 어땠을지 써 보세요.

아인슈타인은 1886년에 초등학교를 졸업하고 루이트폴트 김나지움(독일의 중등교육기관)에 입학했어요. 당시 독일은 군인 출신 총리가 정치를 하던 시대여서 학교 수업도 군대식으로 이루어지고 있었지요. 독일 학교에서는 선생님을 대장님이라고 부르고, 무조건 따라 하고 암기하게 하는 교육을 했어요. 아인슈타인은 이렇게 강압적이고 개성을 인정하지 않는 교육에 적응하지 못했지요.

아래와 같은 상황에서 내가 아인슈타인이라면 어떻게 했을지 써 보세요.

1939년, 독일의 지도자 히틀러는 독일 사람이 사는 땅은 모두 독일 영토라며 주변 나라를 상대로 전쟁을 일으켰어요. 전쟁이 막 시작되었을 무렵, 아인슈타인은 독일에서 많은 사람을 죽게 할 수 있는 원자 폭탄을 만들고 있다는 편지를 받았어요. 그런데 원자 폭탄에 이용되는 이론은 아인슈타인 자신이 발견한 것이었지요. 평화주의자였던 아인슈타인은 자신의 이론이 원자 폭탄을 만드는 데 이용되고 있다는 사실을 견딜 수가 없었어요.

주도성 활동 목표를 세우고 어려움에 대비하자

아인슈타인은 자신의 이론을 증명하겠다는 목표를 세우고, 가난과 전쟁 상황 속
에서도 틈틈이 연구를 계속해서 목표를 이뤘어요. 나의 목표와 내가 겪을 수 있
는 어려움, 이를 해결하기 위한 방법을 아래에 써 보세요.

나의 목표	
내가 겪을 수 있는 어려움	
해결 방법	

나의 창의성 심화 미션 달성률(%) | 20% | 40% | 60% | 80% | 100%

여러 위인 중 내가 이루고 싶은 꿈에 가장 가까운 위인과 그 이유를 써 보세요.

나의 꿈	
나의 꿈에 가장 가까운 위인	
이 위인을 고른 이유	

위의 위인처럼 미래의 나는 꿈을 이루게 될까요? 미래의 나에게 메일을 써 보세요.

메일 쓰기

받는 사람

제목

파일 첨부

| 보내기 | 미리 보기 | 임시 저장 |

미션 평가 미션을 잘 해결했는지 평가해 보자

스페셜 미션을 잘 해결했는지 스스로 평가해 보세요.

평가 문항	매우 아니다	아니다	그저 그렇다	그렇다	매우 그렇다
1. 아인슈타인의 창의성을 설명할 수 있나요?					
2. 나의 목표를 세울 수 있나요?					
3. 미래의 나에게 메일을 쓸 수 있나요?					
4. 스페셜 미션에 흥미를 가지고 참여했나요?					
5. 스페셜 미션에 최선을 다하여 참여했나요?					

미션 완성 미션을 확인해 보자

활동을 모두 해결하면 스페셜 미션 칸에 미션 완성 도장을 찍어요! 활동을 모두 해결하지 못했으면, 그 활동으로 돌아가서 다시 학습해요.

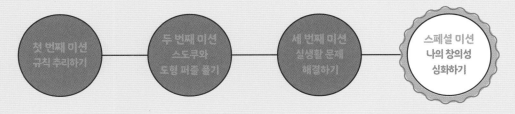

첫 번째 미션 규칙 추리하기 — 두 번째 미션 스도쿠와 도형 퍼즐 풀기 — 세 번째 미션 실생활 문제 해결하기 — 스페셜 미션 나의 창의성 심화하기

친구들은 위인을 탐구하고, 자생력을 알아보는 스페셜 미션을 끝낸다. 친구들과 명탐정 K의 점수는 19 대 17로, 친구들은 대결에서 승리하고 자생력을 높이는 신비한 보석을 얻는다. 그리고 자유의 몸이 되어 무사히 위인 세계로 돌아온다. 신비한 위인 세계에는 또 어떤 일이 생길까?

나의 창의성 심화 미션 달성!

※ E-CLIP 미션의 문제에는 여러 가지 답이 나올 수 있습니다. 본 미션 가이드는 참고용으로 활용하시길 바랍니다.

※ 교사용 개념과 지도 가이드가 포함된 교사용 PDF는 다산전인교육캠퍼스 홈페이지(www.dasaneducation.co.kr)에서 교사 인증 후 신청하실 수 있습니다.

1차시

22쪽

- 딸기
- 우산, 산, 흰색 / 선글라스가 햇빛을 막아 주기 때문에, 첫 번째 빈칸은 비를 막아 주는 '우산'이다. 고래는 주로 바다에서 살아서, 두 번째 빈칸은 호랑이가 사는 곳인 '산'이다. 해바라기 꽃잎의 색은 노란색이므로 세 번째 빈칸은 '흰색'이다.

23쪽

- 창의력을 겨루자

24쪽

- 네 발로 다니는 동물이다. / 새끼를 낳는 포유류다.
- (예시) 거미 / 동물의 다리 개수가 2개씩 늘어나는 규칙을 찾았다면, 다리가 8개인 거미를 그릴 수 있다. (이름이 1글자씩 늘어나는 규칙을 찾았다면 개코원숭이가 들어갈 수 있다.)

25쪽

- 7개

26쪽

- 20 / 도형의 숫자는 그 도형과 닿아 있는 아래 2개의 숫자를 더한 값이다. 따라서 '?'는 8+12로 20이다.

- (예시)

블루베리	배	사과	오렌지
BBBB	P	AA	OOO

과일의 영어 첫 번째 알파벳을 그 과일의 한글 글자 수만큼 쓰는 규칙이다.

2차시

34쪽

- (위에서부터 순서대로) 2, 1, 1, 2
- (길잡이) 스도쿠의 구조를 알고 적은 칸의 스도쿠부터 연습해 보세요.

35쪽

- (위에서부터 순서대로) 수박, 바나나, 사과, 감
- (위에서부터 순서대로) 3, 4, 3, 2, 4, 2

36쪽

- ③
-

가운데 열에 있는 도형은 왼쪽 열과 오른쪽 열에 있

는 도형을 겹쳐 놓은 모양이다.

37쪽
-

(길잡이) 세 번째 열에 있는 그림은 첫 번째 열과 두 번째 열에서 구름 안에 있는 돼지와 구름 밖에 있는 돼지가 서로를 없앤 결과예요. 구름 안에 있는 돼지는 '+', 구름 밖에 있는 돼지는 '-'를 나타내요.

38쪽
- (예시) 구기 종목 스도쿠 : '축구, 농구, 야구, 배구'를 가로줄과 세로줄, 가로 2칸과 세로 2칸의 사각형에 겹치지 않게 넣기

축구	배구	야구	농구
농구	야구	배구	축구
배구	농구	축구	야구
야구	축구	농구	배구

3차시
46쪽
- (예시) 길 선택하기 : 초록색 / 이유 : 나는 가장 빨리 갈 수 있는 길을 좋아하기 때문이다.
- 길 선택하기 : 빨간색

47쪽
- 화분에 물을 듬뿍 주고, 잎에도 물을 뿌려 주어요.

48쪽
- 1. 대학항공
2. 에어독도
3. (예시) 대학항공을 고를 것이다. 가장 싼 가격에 파리를 갈 수 있고, 가는 길에 다른 나라를 구경할 수 있기 때문이다.

49쪽
- 1. 장만지
2. 다운다운
3. (예시) 귀여운 동물 캐릭터가 방송에 나와서 코딩 노래를 불렀을 것이다.

50쪽
- (예시) 창의 문제 : 6개의 숫자를 각각 다른 색으로 도화지에 썼다. 6은 무슨 색일까?

1	2	3	4	5

답 : 흰색

4차시
58쪽
- 저는 눈에 보이지 않는 세계를 탐구하고 그것을 과학으로 증명하는 데 흥미를 느꼈습니다. 상대성 이론 역시 다양하게 상상하고 탐구하는 사고 과정 속에서 탄생했습니다.

59쪽
- (예시) 나는 똑똑한 것이 아니라 단지 문제를 더 오래 연구할 뿐이다.
- (예시) 아인슈타인은 똑똑하기만 하다고 생각했는데, 오랜 시간 노력한 결과라는 것이 인상적이기 때문이다.

60쪽
- (예시) 한국 교육은 모든 학생에게 똑같은 내용을 가르치기 때문에, 자유로운 아인슈타인이 다니기에는 힘들 것이다.
- (예시) 한동안 너무 무서워서 더 이상 연구를 하지 못했을 것이다. 하지만 이를 이겨내고 원자 폭탄을 없애는 성분을 다시 연구했을 것 같다.

61쪽
- (예시) 나의 목표 : 드라마 작가 되기
내가 겪을 수 있는 어려움 : 글을 열심히 썼지만, 드라마 공모전에 떨어질 수도 있다.
해결 방법 : 내 글의 문제점을 찾고, 글을 보완한다. / 탈락에 포기하지 않고 계속 도전한다.

62쪽
- (예시) 나의 꿈 : 영화 감독
나의 꿈에 가까운 위인 : 스티븐 스필버그
이 위인을 고른 이유 : 스필버그는 할리우드 블록버스터 영화 시장을 개척한 최고의 감독이기 때문이다.
- (예시) 받는 사람 : 미래의 나
제목 : 멋진 영화 감독이 되어 있니?
파일 첨부 : 오스카상.jpg
내용 : 안녕? 나는 영화감독을 꿈꾸는 과거의 너야.

지금 너는 영화감독이 되었니? 나는 내가 엄청난 상상력을 발휘해서 멋진 영화를 만들고 오스카상까지 탈 것이라고 믿고 있어. 메일을 받는 너는 꿈을 이루었기를 바랄게. 혹시 지금 꿈을 이루지 못했다면, 아직 기회가 있을 거야. 조금 더 노력해 보자!

세계 위인과 함께 해결하는 E-CLIP 미션 대탐험

E-CLIP

who?

학습 만화 《who?》의 세계 위인과 함께 미션을 해결하는
12권의 '감성적 창의 주도성' 향상 프로그램!

E-CLIP 구성

권	주제	각 권 대표 위인	이야기 속 위인
1	동기	알렉산더 플레밍	에이브러햄 링컨, 찰스 다윈, 레이철 카슨
2	인지	레이철 카슨	레오나르도 다빈치, 리처드 파인먼, 마리아 몬테소리
3	인지 심화	마리아 몬테소리	토머스 에디슨, 오리아나 팔라치, 루트비히 판 베토벤
4	동기 심화	루트비히 판 베토벤	마하트마 간디, 버지니아 울프, 정약용
5	몰입	정약용	하인리히 슐리만, 아멜리아 에어하트, 헬렌 켈러
6	자아존중감	헬렌 켈러	알베르트 슈바이처, 신사임당, 스티브 잡스
7	창의성	스티브 잡스	헬렌 켈러, 알렉산더 플레밍, 스티브 잡스
8	창의성 심화	알베르트 아인슈타인	스티브 잡스, 레이철 카슨, 알베르트 아인슈타인
9	감성	마더 테레사	알베르트 아인슈타인, 루트비히 판 베토벤, 마더 테레사
10	감성 심화	월트 디즈니	마더 테레사, 정약용, 월트 디즈니
11	사회성	세종 대왕	월트 디즈니, 마리아 몬테소리, 세종 대왕
12	사회성 심화	마하트마 간디	세종 대왕, 마하트마 간디

* E-CLIP / 대상 초등학교 전 학년 / 책 크기 200 X 260 / 각 권 쪽수 70쪽 내외
* who? / 대상 초등학교 전 학년 / 책 크기 188 X 255 / 각 권 쪽수 180쪽 내외